Trost bei Goethe

Ein Buch
des Trostes, der Freude
der Liebe
der Lebenskunst
und des guten Glücks

Die ihr Felsen und Baeume bewohnet,
o heilsame Nymphen,
Gebet jeglichem gern, was er im Stillen begehrt,
Schaffet dem Traurigen Muth,
dem Zweifelhaften Belehrung,
Und dem Liebenden goennt,
dass ihm begegne sein Glück.
Denn euch gaben die Goetter, was sie den Menschen
versagten:
Jedem der euch vertraut, hülfreich und troestlich
zu seyn.

VERLAG DAS BERGLAND-BUCH
SALZBURG

Titelbild: ZEFA-Farbbildagentur Wien
Alle übrigen Aufnahmen: Freies Deutsches Hochstift,
Frankfurter Goethe-Museum

ISBN 3-7023-0164-X

Gedruckt und gebunden beim Wiener Verlag, Himberg bei Wien
Printed in Austria

Laßt mich nur auf meinem Sattel gelten!
Bleibt in euren Hütten, euren Zelten!
Und ich reite froh in alle Ferne,
über meiner Mütze nur die Sterne.

Wenn ich des Morgens mit Sonnenaufgange hinausgehe nach meinem Wahlheim und dort im Wirtsgarten mir meine Zuckererbsen selbst pflücke, mich hinsetze, sie abfädne und dazwischen in meinem Homer lese; wenn ich dann in der kleinen Küche mir einen Topf wähle, mir Butter aussteche, Schoten ans Feuer stelle, zudecke und mich dazu setze, sie manchmal umzuschütteln: da fühl ich so lebhaft, wie die übermütigen Freier der Penelope Ochsen und Schweine schlachten, zerlegen und braten. Es ist nichts, das mich so mit einer stillen, wahren Empfindung ausfüllte, als die Züge patriarchalischen Lebens, die ich Gott sei Dank ohne Affektation in meine Lebensart verweben kann. Wie wohl ist mir's, daß mein Herz die simple harmlose Wonne des Menschen fühlen kann, der ein Krauthaupt auf seinen Tisch bringt, das er selbst gezogen, und nun nicht den Kohl allein, sondern all die guten Tage, den schönen Morgen, da er ihn pflanzte, die lieblichen Abende, da er ihn begoß und da er an dem fortschreitenden Wachstum seine Freude hatte, alle in einem Augenblicke wieder mitgenießt.

Alles ist als wie geschenkt.

Ich bin glücklich, und wenn ich's nicht bin, so wohnt wenigstens all das tiefe Gefühl von Freud und Leid in mir.

Schöne Stunden sowie schöne Talente müssen im Fluge genossen werden.

Ich halte mir in den Dingen, die mich interessieren, lichte Punkte und lichte Menschen fest, das übrige mag quirlen wie es will und kann.

Warum ich zuletzt am liebsten mit der Natur verkehre, ist, weil sie immer recht hat und der Irrtum bloß auf meiner Seite sein kann. Verhandle ich hingegen mit Menschen, so irren sie, dann ich, auch sie wieder und immer so fort, da kommt nichts aufs reine; weiß ich mich aber in die Natur zu schicken, so ist alles getan.

Ich bin sehr selten mit meinem Herzen im Streit, aber noch seltener einig. Das heißt, wir geben einander oft nach als gute Freunde, ob wir gleich nicht einer Meinung sind.

Man sollte alle Tage wenigstens ein kleines Lied hören, ein gutes Gedicht lesen, ein treffliches Gemälde sehen und, wenn es möglich zu machen wäre, einige vernünftige Worte sprechen.

Wenn das liebe Tal um mich dampft und die hohe Sonne an der Oberfläche der undurchdringlichen Finsternis meines Waldes ruht und nur einzelne Strahlen sich in das innere Heiligtum stehlen, ich dann im hohen Grase am fallenden Bache liege und näher an der Erde tausend mannigfaltige Gräschen mir merkwürdig werden; wenn ich das Wimmeln der kleinen Welt zwischen Halmen, die unzähligen, unergründlichen Gestalten der Würmchen, der Mückchen näher an meinem Herzen fühle, und fühle die Gegenwart des Allmächtigen, der uns nach seinem Bilde schuf, das Wehen des Alliebenden, der uns in ewiger Wonne schwebend trägt und erhält; wenn's dann um meine Augen dämmert und die Welt um mich her und der Himmel ganz in meiner Seele ruhn wie die Gestalt einer Geliebten – dann sehne ich mich oft . .

Über viele Dinge können wir uns nie ganz verständlich machen, und ich sage daher oft zu mir: darüber und darüber kann ich nur mit Gott reden.

Ich schweige zu vielem still; denn ich mag die Menschen nicht irremachen und bin wohl zufrieden, wenn sie sich freuen da, wo ich mich ärgere.

Ich leide, wo andere genießen, genieße, wo sie leiden.

Genieße mäßig Füll und Segen;
Vernunft sei überall zugegen,
wo Leben sich des Lebens freut.
Dann ist Vergangenheit beständig,
das Künftige voraus lebendig –
der Augenblick ist Ewigkeit.

Es gibt kein Vergangnes, das man zurücksehnen dürfte, es gibt nur ein ewig Neues, das sich aus den erweiterten Elementen des Vergangenen gestaltet, und die echte Sehnsucht muß stets produktiv sein, ein neues Besseres erschaffen.

Tue nur jeden Tag das Nötige; weiter bleibt uns in guten und bösen Zeiten nichts übrig.

Sage, wie lebst du? Ich lebe! Und wären hundert und hundert
Jahre dem Menschen gegönnt, wünscht ich mir morgen wie heut.

Das Beste ist die tiefe Stille, in der ich gegen die Welt lebe und wachse und gewinne, was sie mir mit Feuer und Schwert nicht nehmen kann.

Die beste Freude ist das Wohnen in sich selbst.

Alles geben die Götter, die unendlichen,
ihren Lieblingen ganz:
alle Freuden, die unendlichen,
alle Schmerzen, die unendlichen, ganz.

Es kann wohl sein, daß der Mensch durch öffentliches und häusliches Geschick zuzeiten gräßlich gedroschen wird; allein das rücksichtslose Schicksal, wenn es die reichen Garben trifft, zerknittert nur das Stroh, die Körner aber spüren nichts davon und springen lustig auf der Tenne hin und wieder, unbekümmert, ob sie zur Mühle, ob sie zum Saatfeld wandern.

Willst du mich nicht glücklich lassen,
Sorge, nun so mach mich klug!

Es ist unglaublich, wie viel der Geist zur Erhaltung des Körpers vermag. Ich leide oft an Beschwerden des Unterleibes, allein der geistige Wille und die Kräfte des oberen Teiles halten mich im Gange. Der Geist muß nur dem Körper nicht nachgeben! So arbeite ich bei hohem Barometerstande leichter als bei tiefem; da ich nun dieses weiß, so suche ich bei tiefem Barometer durch größere Anstrengung die nachteilige Einwirkung aufzuheben, und es gelingt mir.

. . Nun verdrießt mich nichts mehr, als wenn die Menschen einander plagen, am meisten, wenn junge Leute in der Blüte des Lebens, da sie am offensten für alle Freuden sein könnten, einander die paar guten Tage mit Fratzen verderben und nur erst zu spät das Unersetzliche ihrer Verschwendung einsehen. Mich wurmte das, und ich konnte nicht umhin, da wir gegen Abend in den Pfarrhof zurückkehrten und an einem Tische Milch aßen und das Gespräch auf Freude und Leid der Welt sich wendete, den Faden zu ergreifen und recht herzlich gegen die üble Laune zu reden.

Wir Menschen beklagen uns oft, fing ich an, daß der guten Tage so wenig sind und der schlimmen so viel, und, wie mich dünkt, meist mit Unrecht. Wenn wir immer ein offenes Herz hätten, das Gute zu genießen, das uns Gott für jeden Tag bereitet, wir würden alsdann auch Kraft genug haben, das Übel zu tragen, wenn es kommt.

„Wir haben aber unser Gemüt nicht in unserer Gewalt; wieviel hängt vom Körper ab! Wenn einem nicht wohl ist, ist's einem überall nicht recht . . . Es ist mit der üblen Laune völlig wie mit der Trägheit, denn es ist eine Art von Trägheit. Unsere Natur hängt sehr dahin, und doch, wenn wir nun einmal die Kraft haben, uns zu ermannen, geht uns die Arbeit frisch von der Hand und wir finden in der Tätigkeit ein wahres Vergnügen."

Die Krankheit geht den Menschen nichts an, er muß sie ignorieren, nur die Gesundheit verdient remarkiert zu werden.

Wir leben so lange es Gott bestimmt hat; aber es ist ein großer Unterschied, ob wir jämmerlich, wie arme Hunde leben, oder wohl und frisch, und darauf vermag ein kluger Arzt viel.

Das Elend wird mir nach und nach so prosaisch wie ein Kaminfeuer. Aber ich lasse doch nicht ab von meinen Gedanken und ringe mit dem unerkannten Engel, sollt ich mir die Hüfte ausrenken. Es weiß kein Mensch, was ich tue und mit wieviel Feinden ich kämpfe, um das wenige hervorzubringen. Bei meinem Streben und Streiten und Bemühen bitt ich euch, nicht zu lachen, zuschauende Götter. Allenfalls lächeln mögt ihr und mir beistehen!

Im Atemholen sind zweierlei Gnaden:
die Luft einziehn, sich ihrer entladen;
jenes bedrängt, dieses erfrischt;
so wunderbar ist das Leben gemischt.
Du danke Gott, wenn er dich preßt,
und dank ihm, wenn er dich wieder entläßt.

Des Menschen Treiben ist unendlich, bis er ausgetrieben hat.

Wir rufen keine Stunde zurück; laßt uns zusammennehmen, was geblieben, was geworden ist, und nutzen und genießen, eh der Abend kommt.

Glück und Unglück ist im Leben ineinandergekettet wie Schlaf und Wachen, keines ohne das andere und eins um des andern willen, daß alle Freude in der Welt nur geborgt ist.

Man sieht die Blumen welken und die Blätter fallen, aber man sieht auch Früchte reifen und neue Knospen keimen. Das Leben gehört den Lebendigen an, und wer lebt, muß auf Wechsel gefaßt sein.

Ich habe viel in der Welt versucht und immer dasselbe gefunden: in der Gewohnheit ruht das einzige Behagen des Menschen; selbst das Unangenehme, woran wir uns gewöhnten, vermissen wir ungern. Ich quälte mich einmal gar lange mit einer Wunde, die nicht heilen wollte, und als ich endlich genas, war es mir höchst unangenehm, als der Chirurg ausblieb, sie nicht mehr verband und das Frühstück nicht mehr mit mir einnahm.

Eine Seele kann auf die andere durch bloße stille Gegenwart entschieden einwirken.

Was verkürzt mir die Zeit?
Tätigkeit!
Was macht sie unerträglich lang?
Müßiggang!
Was bringt in Schulden?
Harren und Dulden!
Was macht Gewinnen?
Nicht lange besinnen!
Was bringt zu Ehren?
Sich wehren!

Ich bin gewohnt, mich vom Schicksal leiten zu lassen, daß ich gar keine Hast mehr in mir spüre, nur manchmal dämmern leise Träume von Sorglichkeit wieder auf, nie übers Ganze, sondern über einzelne kleine Fälle, die werden aber auch schwinden.

Nichts taugt Ungeduld,
noch weniger Reue;
jene vermehrt die Schuld,
diese schafft neue.

Man fürchte sich ja nicht vor den Folgen eines männlichen Schrittes; denn es entstehe daraus, was da wolle, so behält man das schöne Gefühl, recht gehandelt zu haben, da die Folgen des Zauderns und Schwankens auf alle Fälle peinlich sind.

Außenansicht des Frankfurter Goethehauses am Großen Hirschgraben

Das Muß ist hart, aber beim Muß kann der Mensch allein zeigen, wie's inwendig mit ihm steht. Willkürlich leben kann jeder.

Geh! gehorche meinen Winken,
nutze deine jungen Tage,
lerne zeitig klüger sein:
auf des Glückes großer Waage
steht die Zunge selten ein;
du mußt steigen oder sinken,
du mußt herrschen und gewinnen,
oder dienen und verlieren,
leiden oder triumphieren,
Amboß oder Hammer sein.

Lobt man mich, weil ich was Dummes gemacht,
dann mir das Herz im Leibe lacht;
schilt man mich, weil ich was Gutes getan,
so nehm ich's ganz gemächlich an.
Schlägt mich ein Mächtiger, daß es schmerzt,
so tu ich, als hätt er nur gescherzt;
doch ist es einer von meinesgleichen,
den weiß ich wacker durchzustreichen.

Das Sicherste bleibt immer, daß wir alles, was in und an uns ist, in Tat zu verwandeln suchen; darüber mögen dann die andern wie sie wollen und können reden und verhandeln.

Sich ins Einfache retten! Und: Man muß sich einzurichten wissen!

Wie wenig der Mensch bedarf und wie lieb es ihm wird, wenn er fühlt, wie sehr er das Wenige bedarf.

Das Schicksal gewährt uns unsere Wünsche, aber auf seine Weise, um uns etwas über unsere Wünsche geben zu können.

Die stille Freude wollt ihr stören?
Laßt mich bei meinem Becher Wein;
mit andern kann man sich belehren,
begeistert wird man nur allein.

Einem bejahrten Manne verdachte man, daß er sich noch um junge Frauenzimmer bemühte. „Es ist das einzige Mittel", versetzte er, „sich zu verjüngen, und das will doch jedermann."

Es ist in der Welt nichts schätzbarer als ein Herz, das der Liebe und Leidenschaft fähig ist.

Ihr glücklichen Augen,
was je ihr gesehn,
es sei, wie es wolle,
es war doch so schön!

Was klagst du über Feinde?
Sollten solche je werden Freunde,
denen das Wesen, wie du bist,
im stillen ein ewiger Vorwurf ist?

Zuerst nenne ich meine Gegner aus Dummheit; es sind solche, die mich nicht verstanden und die mich tadelten, ohne mich zu kennen. Diese ansehnliche Masse hat mir in meinem Leben viele Langeweile gemacht; doch es soll ihnen verziehen sein, denn sie wußten nicht, was sie taten.

Eine zweite große Menge bilden sodann meine Neider. Diese Leute gönnen mir das Glück und die ehrenvolle Stellung nicht, die ich durch mein Talent mir erworben. Sie zerren an meinem Ruhm und hätten mich gern vernichtet. Wäre ich unglücklich und elend, so würden sie aufhören.

Ferner kommt eine große Anzahl derer, die aus Mangel an eigenem Sukzeß meine Gegner geworden. Es sind begabte Talente darunter, allein sie können mir nicht verzeihen, daß ich sie verdunkele.

Viertens nenne ich meine Gegner aus Gründen. Denn da ich ein Mensch bin und als solcher menschliche Fehler und Schwächen habe, so können auch meine Schriften davon nicht frei sein. Da es mir aber mit meiner Bildung ernst war und ich an meiner Veredelung unablässig arbeitete, so war ich im beständigen Fortstreben begriffen, und es ereignete sich oft, daß sie mich wegen eines Fehlers tadelten, den ich längst abgelegt hatte. Diese Guten haben mich am wenigsten verletzt; sie schossen nach mir, wenn ich schon meilenweit von ihnen entfernt war.

Tief und ernstlich denkende Menschen haben gegen das Publikum einen bösen Stand.

Ich kann mich nicht bereden lassen,
macht mir den Teufel nur nicht klein:
ein Kerl, den alle Menschen hassen,
der muß was sein!

Hab nur den Mut, die Meinung frei zu sagen
und ungestört!
Es wird den Zweifel in die Seele tragen dem,
der es hört.
Und vor der Luft des Zweifels flieht der
Wahn.
Du glaubst nicht, was ein Wort oft wirken
kann.

Man soll sich sein Recht nicht nehmen lassen.

Es ist, als wenn die Welt nur für die Groben und Anmaßenden da wäre, und die Ruhigen und Vernünftigen sich nur ein Plätzchen um Gottes willen erbitten müßten.

Wer das Recht auf seiner Seite fühlt, muß derb auftreten: ein höfliches Recht will gar nichts heißen.

„So sei doch höflich!" – Höflich mit dem Pack? Mit Seide näht man keinen groben Sack.

Befindet sich einer heiter und gut,
gleich will ihn der Nachbar peingen;
solang der Tüchtige lebt und tut,
möchten sie ihn gern steingen.
Ist er hinterher aber tot,
gleich sammeln sie große Spenden,
zu Ehren seiner Lebensnot
ein Denkmal zu vollenden.

Wandrer! – Gegen solche Not
wolltest du dich sträuben?
Wirbelwind und trocknen Kot,
laß sie drehn und stäuben!

Es kommt doch am Ende darauf an, daß man aushält und die andern überdauert.

Ein Flügelschlag – und hinter uns Äonen!

Mit eigentlich Widergesinnten versucht man umsonst, Einigkeit zu halten, es bricht immer wieder einmal auseinander.

Wenn ein Edler gegen dich fehlt,
so tu, als hättest du's nicht gezählt;
er wird es in sein Schuldbuch schreiben
und dir nicht lange im Debet bleiben.

Trage dein Übel, wie du magst,
klage niemand dein Mißgeschick;
wie du dem Freunde ein Unglück klagst,
gibt er dir gleich ein Dutzend zurück!

Zeige dich nicht allzu behäglich, damit man dir dein Glück nicht übelnimmt.

Lobte man mich, so sollte ich das nicht in freudigem Selbstgefühl als einen schuldigen Tribut hinnehmen, sondern man erwartete von mir irgendeine ablehnende bescheidene Phrase, worin ich demütig den völligen Unwert meiner Person und meines Werkes an den Tag lege. Das aber widerstrebte meiner Natur, und ich hätte müssen ein elender Lump sein, wenn ich so hätte heucheln und lügen wollen. Da ich nun aber stark genug war, mich in ganzer Wahrheit so zu zeigen, wie ich fühlte, so galt ich für stolz und gelte noch so bis auf den heutigen Tag.

Freunde behaupten, daß ich nicht immer so gutmütig aussähe. –

Ich wollte mich doch lieber aufhängen, als ewig negieren, ewig in der Opposition sein, ewig schußfertig auf die Mängel und Gebrechen meiner Mitlebenden, Nächstlebenden lauern.

Mit fremden Menschen nimmt man sich zusammen,
da merkt man auf, da sucht man seinen Zweck
in ihrer Gunst, damit sie nutzen sollen;
allein bei Freunden läßt man frei sich gehn,
man ruht in ihrer Liebe, man erlaubt
sich eine Laune, ungezähmter wirkt
die Leidenschaft, und so verletzen wir
am ersten die, die wir am zärtsten lieben.

Ein gekränktes Herz erholt sich schwer.

Man frage nicht, ob man durchaus übereinstimmt, sondern ob man in einem Sinne verfährt.

Jeder Mensch hat einen bestimmten Kreis, in welchem er auf eine unnachahmliche Weise wirken kann, je kleiner sein Reich, desto konzentrierter seine Kraft.

So eine wahre, warme Freude ist nicht in der Welt, als eine große Seele zu sehen, die sich gegen einen öffnet!

Kindlein, liebt euch, und wenn das nicht gehen will, laßt wenigstens einander gelten.

Man muß nur ein Wesen recht von Grund aus lieben, da kommen einem die übrigen alle liebenswürdig vor.

Jedes lebendige Wesen ist wie ein frisch ausgesprochenes Gotteswort.

Wenn der Größte ins Wasser fällt und nicht schwimmen kann, zieht ihn der ärmste Hallore heraus.

Das sicherste Mittel, ein freundliches Verhältnis zu hegen und zu pflegen, finde ich darin, daß man sich wechselweise mitteile, was man tut; denn die Menschen treffen viel mehr zusammen in dem, was sie tun, als in dem, was sie denken.

Gebildete Menschen und die auf Bildung anderer arbeiten, bringen ihr Leben ohne Geräusch zu.

Ein Gott versagte mir die Kunst, die arme Kunst, mich künstlich zu betragen.

Wer sich nicht zu viel dünkt, ist viel mehr, als er glaubt.

Wenn wir die Menschen nur nehmen wie sie sind, so machen wir sie schlechter; wenn wir sie behandeln, als wären sie, was sie sein sollten, so bringen wir sie dahin, wohin sie zu bringen sind.

Von Natur besitzen wir keinen Fehler, der nicht zur Tugend, keine Tugend, die nicht zum Fehler werden könnte.

Der Undank ist immer eine Art Schwäche. Ich habe nie gesehen, daß tüchtige Menschen wären undankbar gewesen.

Begegnet uns jemand, der uns Dank schuldig ist, gleich fällt es uns ein. Wie oft können wir jemand begegnen, dem wir Dank schuldig sind, ohne daran zu denken.

Man würde viel Almosen geben, wenn man Augen hätte zu sehen, was eine empfangende Hand für ein schönes Bild macht.

Mann mit zugeknöpften Taschen,
dir tut niemand was zulieb:
Hand wird nur von Hand gewaschen;
wenn du nehmen willst, so gib!

Aus einer großen Gesellschaft heraus
ging einst ein stiller Gelehrter zu Haus.
Man fragte: „Wie seid Ihr zufrieden
gewesen?" –
„Wären's Bücher", sagt er, „ich würd sie nicht
lesen."

Ich rate euch angelegentlich, keine Stunde mit Menschen zu verlieren, zu denen ihr nicht gehört oder die nicht zu euch gehören.

Man kann nicht für jedermann leben, besonders für die nicht, mit denen man nicht leben möchte.

Vermute ich in der Gesellschaft einfältige oder dumme Leute, so stelle ich mir vor, daß es lauter geistreiche seien, dann erhebe ich sie zu mir und zwinge sie, auch ihren Geist leuchten zu lassen; und umgekehrt, wenn ich zu jemandem komme, der sich einbildet, mehr zu sein und zu wissen als andere Menschenkinder, dann denke ich mir das Gegenteil und behandle ihn auch so, indem ich ihn beschäme und nötige, seine Nase nicht mehr so hoch zu tragen.

Man muß den Leuten abgewöhnen, einen unangemeldet zu überfallen, man bekommt doch immer andre, fremde Gedanken!

Es gibt eine Höflichkeit des Herzens; sie ist der Liebe verwandt. Aus ihr entspringt die bequemste Höflichkeit des äußern Betragens.

Bescheidenheit ist eigentlich eine gesellige Tugend; sie deutet auf große Ausbildung, sie ist eine Selbstverleugnung nach außen, welche, auf einem großen inneren Werte ruhend, als die höchste Eigenschaft des Menschen angesehen wird.

Die Menschen sollten nur bewundern, daß ein Mensch noch Tugenden hat. Die Fehler verstehen sich von selbst.

Ein jeder Mensch wird von seinen Gewohnheiten regiert.

Wer sich nähert, den stoßt nicht zurück, und wer sich entfernt, den haltet nicht auf, und wer wiederkommt, den nehmt auf, als wenn er nicht weggewesen wäre.

Um Gutes zu tun, braucht's keiner Überlegung.

Wer nicht im Augenblick hilft, scheint mir nie zu helfen.

Ich habe einen Menschen immer nur als ein für sich bestehendes Individuum angesehen, das ich zu erforschen und das ich in seiner Eigentümlichkeit kennenzulernen trachtete, wovon ich aber durchaus keine weitere Sympathie verlangte. Dadurch habe ich es nun dahin gebracht, mit jedem Menschen umgehen zu können, und dadurch allein entsteht die Kenntnis mannigfaltiger Charaktere, sowie die nötige Gewandtheit im Leben. Denn gerade bei widerstrebenden Naturen muß man sich zusammennehmen, um mit ihnen durchzukommen, und dadurch werden alle die verschiedenen Seiten in uns angeregt und zur Entwicklung und Ausbildung gebracht, so daß man sich denn bald jedem Vis-à-vis gewachsen fühlt.

Wenn wir immer vorsichtig genug wären und uns mit Freunden nur von einer Seite verbänden, von der sie wirklich mit uns harmonieren, und ihr übriges Wesen weiter nicht in Anspruch nähmen, so würden die Freundschaften weit dauerhafter und ununterbrochener sein. Gewöhnlich aber ist es ein Jugendfehler, den wir selbst im Alter nicht ablegen, daß wir verlangen, der Freund solle gleichsam ein anderes Ich sein, solle mit uns nur ein Ganzes ausmachen, worüber wir uns dann eine Zeitlang täuschen, das aber nicht lange dauern kann.

Auch das Zusammensein hat seine Jahreszeiten, deren eine sich aus den andern entwickelt.

Alte Freunde muß man nicht wiedersehen, man versteht sich nicht mehr mit ihnen, jeder hat eine andere Sprache bekommen. Wem es Ernst um seine innere Kultur ist, hüte sich davor; denn der alsdann hervortretende Mißklang kann nur störend auf uns einwirken, und man trübt sich das reine Bild des frühern Verhältnisses.

Wer muß sich nicht jeden Tag bekennen, daß vergangene Zeiten, Verhältnisse, Gefühle, Tätigkeiten nicht wieder zurückzurufen sind?

Wir sollten weniger sprechen und mehr zeichnen. Ich meinerseits möchte mir das Reden ganz abgewöhnen und wie die bildende Natur in lauter Zeichnungen fortsprechen. Jener Feigenbaum, diese kleine Schlange, der Kokon, der dort vor dem Fenster liegt und seine Zukunft ruhig erwartet, alles das sind inhaltsschwere Signaturen; ja, wer nur ihre Bedeutung recht zu entziffern vermöchte, der würde alles Geschriebenen und alles Gesprochenen bald zu entbehren imstande sein! Je mehr ich darüber nachdenke, es ist etwas so Unnützes, so Müßiges, ich möchte fast sagen Geckenhaftes im Reden, daß man vor dem stillen Ernste der Natur und ihrem Schweigen erschrickt, sobald man sich ihr vor einer einsamen Felsenwand oder in der Einöde eines alten Berges gesammelt entgegenstellt.

Der Teufel hol das Menschengeschlecht!
Man möchte rasend werden!
Da nehm ich mir so eifrig vor:
will niemand weiter sehen,
will all das Volk Gott und sich selbst
und dem Teufel überlassen!
Und kaum seh ich ein Menschengesicht,
so hab ich's wieder lieb.

Ist nicht das Leben kurz und öde genug? Sollen die sich nicht anfassen, deren Weg miteinander geht?

Ganz leise spricht ein Gott in unsrer Brust, ganz leise, ganz vernehmlich, zeigt uns an, was zu ergreifen ist und was zu fliehn.

Edel sei der Mensch,
hilfreich und gut!
Denn das allein
unterscheidet ihn
von allen Wesen,
die wir kennen.
Heil den unbekannten
höhern Wesen,
die wir ahnen!
Ihnen gleiche der Mensch;
sein Beispiel lehr uns
jene glauben.

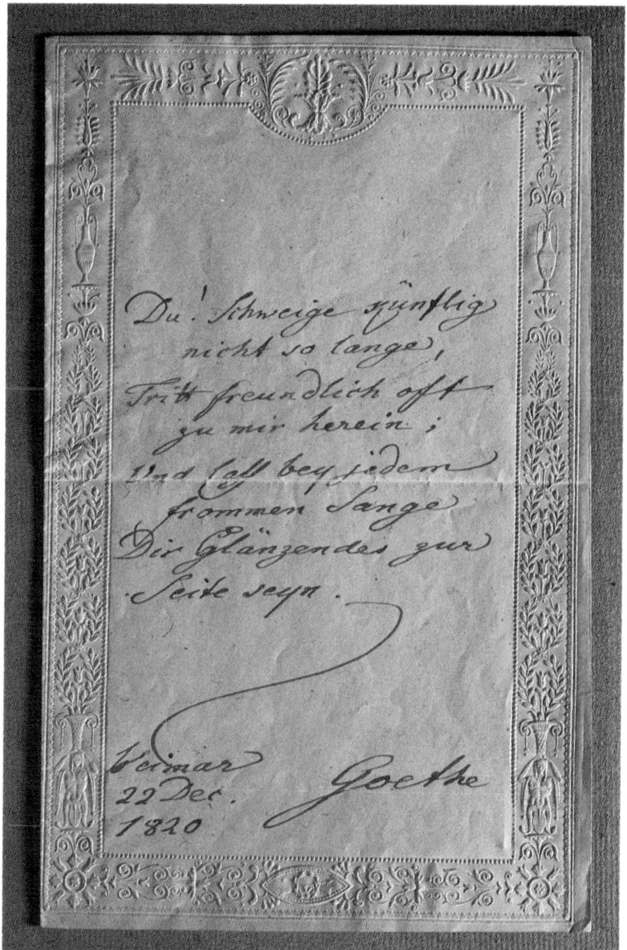

Du! Schweige künftig
nicht so lange,
Tritt freundlich oft
zu mir herein;
Und laß bey jedem
frommen Sange
Dir Glänzendes zur
Seite seyn.

Weimar
22 Dec.
1820

Goethe

Handschrift Goethes an Marianne von Willemer

Durch ein paar Züge aus dem Becher der Liebe hält die Natur für ein Leben voll Mühe schadlos.

Dich sah ich, und die milde Freude
floß aus dem süßen Blick auf mich;
ganz war mein Herz an deiner Seite
und jeder Atemzug für dich.
Ein rosenfarbes Frühlingswetter
lag auf dem lieblichen Gesicht,
und Zärtlichkeit für mich – ihr Götter!
Ich hofft es, ich verdient es nicht!

Der Abschied wie bedrängt, wie trübe!
Aus deinen Blicken sprach dein Herz.
In deinen Küssen welche Liebe!
O welche Wonne, welcher Schmerz!
Du gingst. Ich stund und sah zur Erden
und sah dir nach mit nassem Blick –
und doch, welch Glück, geliebt zu werden!
Und lieben, Götter, welch ein Glück!

Seh' ich nur einmal dein Gesicht,
seh' dir ins Auge nur einmal,
frei wird mein Herz von aller Qual!

Gewiß, ich wäre schon so ferne, ferne,
so weit die Welt nur offen liegt, gegangen,
bezwängen mich nicht übermächtge Sterne,
die mein Geschick an deines angehangen,
daß ich in dir nun erst mich kennenlerne.
Mein Dichten, Trachten, Hoffen und Verlangen
allein nach dir und deinem Wesen drängt
mein Leben nur an deinem Leben hängt.

Wie im Morgenglanze
du rings mich anglühst,
Frühling, Geliebter!
Mit tausendfacher Liebeswonne
sich an mein Herz drängt
deiner ewigen Wärme
heilig Gefühl,
unendliche Schöne!
Daß ich dich fassen möcht
in diesen Arm!

Freudvoll
und leidvoll,
gedankenvoll sein;
langen
und bangen
in schwebender Pein;
himmelhoch jauchzend,
zum Tode betrübt;
glücklich allein
ist die Seele, die liebt.

Wie eine süße Melodie uns in die Höhe hebt, unsern Sorgen und Schmerzen eine weiche Wolke unterbaut, so ist mir dein Wesen und deine Liebe.

Krone des Lebens,
Glück ohne Ruh,
Liebe, bist du!

Wie herrlich leuchtet
mir die Natur!
Wie glänzt die Sonne!
Wie lacht die Flur!

Es dringen Blüten
aus jedem Zweig
und tausend Stimmen
aus dem Gesträuch

und Freud und Wonne
aus jeder Brust.
O Erd, o Sonne!
O Glück, o Lust!

O Lieb, o Liebe!
So golden schön,
wie Morgenwolken
auf jenen Höhn.

Du segnest herrlich
das frische Feld,
im Blütendampfe
die volle Welt.

O Mädchen, Mädchen,
wie lieb ich dich!
Wie blickt dein Auge!
Wie liebst du mich!

So liebt die Lerche
Gesang und Luft,
und Morgenblumen
den Himmelsduft,

wie ich dich liebe
mit warmem Blut,
die du mir Jugend
und Freud und Mut

zu neuen Liedern
und Tänzen gibst.
Sei ewig glücklich,
wie du mich liebst!

Ich denke dein, wenn mir der Sonne Schimmer
vom Meere strahlt;
ich denke dein, wenn sich des Mondes
Flimmer
in Quellen malt.

Ich sehe dich, wenn auf dem fernen Wege
der Staub sich hebt;
in tiefer Nacht, wenn auf dem schmalen Stege
der Wandrer bebt.

Ich höre dich, wenn dort mit dumpfem
Rauschen
die Welle steigt.
Im stillen Haine geh ich oft zu lauschen,
wenn alles schweigt.

Ich bin bei dir, du seist auch noch so ferne,
du bist mir nah!
Die Sonne sinkt, bald leuchten mir die Sterne.
O wärst du da!

Wunderlichstes Buch der Bücher
ist das Buch der Liebe;
aufmerksam hab ich's gelesen:
wenig Blätter Freuden,
ganze Hefte Leiden;
einen Abschnitt macht die Trennung.
Wiedersehn! ein klein Kapitel,
fragmentarisch. Bände Kummers,
mit Erklärungen verlängert,
endlos, ohne Maß . . .

Eine Liebe kann wohl im Nu entstehen, und jede echte Neigung muß irgend einmal gleich dem Blitze plötzlich aufgeflammt sein; aber wer wird sich denn gleich heiraten, wenn man liebt? Liebe ist etwas Ideelles, Heiraten etwas Reelles, und nie verwechselt man ungestraft das Ideelle mit dem Reellen. Solch ein wichtiger Lebensschritt will allseitig überlegt sein und längere Zeit hindurch, ob auch alle individuellen Beziehungen, wenigstens die meisten, zusammenpassen.

Man sei erst liebenswert, wenn man geliebt sein will.

Magst du einmal mich hintergehen,
merk ich's, so laß ich's wohl geschehen;
gestehst du mir's aber ins Gesicht,
in meinem Leben verzeih ich's nicht.

Beim Ehestande ist es nur diese entschiedene ewige Dauer zwischen so viel Beweglichem in der Welt, die etwas Ungeschicktes an sich trägt. Einer von meinen Freunden behauptete, eine jede Ehe solle nur auf fünf Jahre geschlossen werden. Es sei dies eine schöne ungrade heilige Zahl und ein solcher Zeitraum eben hinreichend, um sich kennenzulernen, einige Kinder heranzubringen, sich zu entzweien und, was das Schönste sei, sich wieder zu versöhnen ... Wie glücklich würde die erste Zeit verstreichen! Zwei, drei Jahre wenigstens gingen vergnüglich hin. Dann würde doch wohl dem einen Teil daran gelegen sein, das Verhältnis länger dauern zu sehen, die Gefälligkeit würde wachsen, je mehr man sich dem Termin der Aufkündigung näherte. Der gleichgültige, ja selbst der unzufriedene Teil würde durch ein solches Betragen begütigt und eingenommen. Man vergäße, wie man in guter Gesellschaft die Stunden vergißt, daß die Zeit verfließe, und fände sich aufs angenehmste überrascht, wenn man nach verlaufenem Termin erst bemerkte, daß er schon stillschweigend verlängert sei.

Ehe ist nie ein Letztes, sondern Gelegenheit zum Reifwerden.

Es ist doch nichts besser, als wenn man sich liebt und zusammen ist.

Ein edler Mann wird durch ein gutes Wort der Frauen weit geführt.

Ein wenig Geiz schadet dem Weibe nichts, so übel sie die Verschwendung kleidet. Freigebigkeit ist eine Tugend, die dem Manne ziemt, und Festhalten ist die Tugend eines Weibes. So hat es die Natur gewollt, und unser Urteil wird im ganzen immer naturgemäß ausfallen.

Glückselig der, dessen Welt innerhalb des Hauses ist!

Weit und schön ist die Welt, doch o wie dank ich dem Himmel,
daß ein Gärtchen beschränkt zierlich mir eigen gehört!
Bringet mich wieder nach Hause! Was hat ein Gärtner zu reisen?
Ehre bringt's ihm und Glück, wenn er sein Gärtchen besorgt!

Wir wollen in unserer Liebe verharren und uns immer knapper und besser einrichten, damit wir nach unsrer Sinnesweise leben können, ohne uns um andere zu bekümmern.

Das alles ist ein Turm zu Babel,
wenn es die Liebe nicht vereint!

Wie es auch sei, das Leben, es ist gut.

Willst du immer weiter schweifen?
Sieh, das Gute liegt so nah.
Lerne nur das Glück ergreifen,
denn das Glück ist immer da.

Jede Seele wird in dem Gange der Tage zu dem, was ihr bevorsteht, mehr oder weniger zubereitet.

Man darf nur alt werden, um milder zu sein; ich sehe keinen Fehler begehen, den ich nicht auch begangen hätte.

Als ich ein junger Geselle war, lustig und
guter Dinge,
da hielten die Maler offenbar mein Gesicht
für viel zu geringe;
dafür war mir manch schönes Kind von
Herzen treu und hold gesinnt.
Nun ich hier als Altmeister sitz, rufen sie mich
aus auf Straßen und Gassen,
zu haben bin ich wie der alte Fritz auf Pfeifen-
köpfen und Tassen;
doch die schönen Kinder, die bleiben fern.
O Traum der Jugend, o goldner Stern!

Wir erfahren erst im Alter, was uns in der Jugend begegnete.

Ei, bin ich denn darum achtzig Jahre alt geworden, daß ich immer dasselbe denken soll? Ich strebe vielmehr, täglich etwas anderes, Neues zu denken, um nicht langweilig zu werden. Man muß sich immerfort verändern, erneuern, verjüngen, um nicht zu verstocken.

Je älter man wird, desto mehr verallgemeint sich alles, und wenn die Welt nicht ganz und gar verschwinden soll, so muß man sich zu denen halten, welche sie aufzubauen imstande sind.

Wenn auch die Welt im ganzen vorschreitet, die Jugend muß doch immer wieder von vorne anfangen und als Individuum die Epochen der Weltkultur durchmachen.

Lange leben heißt gar vieles überleben, geliebte, gehaßte, gleichgültige Menschen, Königreiche, Hauptstädte, ja Wälder und Bäume, die wir jugendlich gesäet und gepflanzt. Wir überleben uns selbst und erkennen durchaus noch dankbar, wenn uns auch nur einige Gaben des Leibes und Geistes übrigbleiben. Alles dieses Vorübergehende lassen wir uns gefallen; bleibt uns nur das Ewige jeden Augenblick gegenwärtig, so leiden wir nicht an der vergänglichen Zeit.

Unglück ist auch gut. Ich habe viel in der Krankheit gelernt, das ich nirgends in meinem Leben hätte lernen können.

Die Schmerzen sind's, die ich zu Hilfe rufe, denn es sind Freunde, Gutes raten sie.

Und hab ich einsam auch geweint,
so ist's mein eigner Schmerz,
und Tränen fließen gar so süß,
erleichtern mir das Herz.

Bei dem größten Verlust müssen wir sogleich umherschauen, was uns zu erhalten und zu leisten übrigbleibt.

Wer sich entschließen kann, besiegt den Schmerz.

Wer nie sein Brot mit Tränen aß,
wer nie die kummervollen Nächte
auf seinem Bette weinend saß,
der kennt euch nicht, ihr himmlischen Mächte.

Ihr führt ins Leben uns hinein,
ihr laßt den Armen schuldig werden,
dann überlaßt ihr ihn der Pein:
denn alle Schuld rächt sich auf Erden.

Kein Wesen kann zu nichts zerfallen!

Mich läßt der Gedanke an den Tod in völliger Ruhe, denn ich habe die feste Überzeugung, daß unser Geist ein Wesen ist ganz unzerstörbarer Natur; es ist ein Fortwirkendes von Ewigkeit zu Ewigkeit, es ist der Sonne ähnlich, die bloß unsern irdischen Augen unterzugehen scheint, die aber eigentlich nie untergeht, sondern unaufhörlich fortleuchtet.

Des Todes rührendes Bild steht
nicht als Schrecken dem Weisen, und nicht als Ende dem Frommen.
Jenen drängt es ins Leben zurück und lehret ihn handeln;
diesem stärkt es, zu künftigem Heil, im Trübsal die Hoffnung:
beiden wird zum Leben der Tod.

Nach ewigen, ehrnen,
großen Gesetzen
müssen wir alle
unseres Daseins
Kreise vollenden.

Nicht so vieles Federlesen!
Laßt mich immer nur herein:
denn ich bin ein Mensch gewesen,
und das heißt ein Kämpfer sein.

Die Zukunft decket
Schmerzen und Glücke
schrittweis dem Blicke,
doch ungeschrecket
dringen wir vorwärts.

Und schwer und ferne
hängt eine Hülle
mit Ehrfurcht. Stille
ruhn oben die Sterne
und unten die Gräber.

Doch rufen von drüben
die Stimmen der Geister,
die Stimmen der Meister:
„Versäumt nicht, zu üben
die Kräfte des Guten!

Hier flechten sich Kronen
in ewiger Stille,
die sollen mit Fülle
die Tätigen lohnen!
Wir heißen euch hoffen!"

Ich habe die Götter gebeten, daß sie mir meinen Mut und Gradsinn erhalten wollen bis ans Ende, und lieber möge das Ende vorrücken, als mich den letzten Teil des Ziels lausig hinkriechen lassen.

Und dein Streben, sei's in Liebe,
und dein Leben sei die Tat . . .
Bleibe nicht am Boden heften,
frisch gewagt und frisch hinaus!
Kopf und Arm mit heitern Kräften,
überall sind sie zu Haus;
wo wir uns der Sonne freuen,
sind wir jede Sorge los;
daß wir uns in ihr zerstreuen,
darum ist die Welt so groß.

Nur der verdient sich Freiheit wie das Leben,
der täglich sie erobern muß

Zwischen heut und morgen
liegt eine lange Frist;
lerne schnell besorgen,
da du noch munter bist.

So göttlich ist die Welt eingerichtet, daß jeder an seiner Stelle, an seinem Orte, zu seiner Zeit alles übrige gleichwägt.

Gerettet ist das edle Glied
der Geisterwelt vom Bösen:
„Wer immer strebend sich bemüht,
den können wir erlösen."

Aller Zustand ist gut, der natürlich ist und vernünftig.
Vieles wünscht sich der Mensch, und doch bedarf er nur wenig;
denn die Tage sind kurz, und beschränkt der Sterblichen Schicksal.
Niemals tadl ich den Mann, der immer, tätig und rastlos
umgetrieben, das Meer und alle Straßen der Erde
kühn und emsig befährt und sich des Gewinnes erfreuet,
welcher sich reichlich um ihn und um die Seinen herumhäuft.
Aber jener ist auch mir wert, der ruhige Bürger,
der sein väterlich Erbe mit stillen Schritten umgehet
und die Erde besorgt, so wie es die Stunden gebieten.
Nicht verändert sich ihm in jedem Jahre der Boden,
nicht strecket eilig der Baum, der neugepflanzte, die Arme
gegen den Himmel aus mit reichlichen Blüten gezieret.
Nein, der Mann bedarf der Geduld; er bedarf auch des reinen,
immer sich gleichen, ruhigen Sinns und des graden Verstandes.

Man säe nur, man erntet mit der Zeit.

Das Dichterzimmer im Frankfurter Goethehaus

Der du von dem Himmel bist,
alles Leid und Schmerzen stillest,
den, der doppelt elend ist,
doppelt mit Erquickung füllest,
ach, ich bin des Treibens müde!
Was soll all der Schmerz und Lust?
Süßer Friede,
komm, ach komm in meine Brust!

Über allen Gipfeln
ist Ruh,
in allen Wipfeln
spürest du
kaum einen Hauch.
Die Vögelein schweigen im Walde.
Warte nur: balde
ruhest du auch.

Füllest wieder Busch und Tal
still mit Nebelglanz,
lösest endlich auch einmal
meine Seele ganz.
Breitest über mein Gefild
lindernd deinen Blick,
wie des Freundes Auge mild
über mein Geschick.

Weit, hoch, herrlich der Blick
rings ins Leben hinein!
Vom Gebirg zum Gebirg
schwebet der ewige Geist,
ewigen Lebens ahndevoll.

Wir wollen künftig öfter hierher kommen. Hier fühlt man sich groß und frei wie die Natur, die man vor Augen hat, und wie man eigentlich immer sein sollte.

Wär nicht das Auge sonnenhaft,
die Sonne könnt es nie erblicken;
läg nicht in uns des Gottes eigne Kraft,
wie könnt uns Göttliches entzücken?

Jedes Ereignis mit Ehrfurcht betrachten.

Große Gedanken und ein reines Herz, das ist es, was wir von Gott erbitten sollten.

Gutes tu rein aus des Guten Liebe!
Das überliefre deinem Blut;
und wenn's den Kindern nicht verbliebe,
den Enkeln kommt es doch zugut.

Halte dich nur im stillen rein
und laß es um dich wettern;
je mehr du fühlst ein Mensch zu sein
desto ähnlicher bist du den Göttern.

Wer recht wirken will, muß nie schelten, sich um das Verkehrte gar nicht bekümmern, sondern nur immer das Gute tun. Denn es kommt nicht darauf an, daß eingerissen, sondern daß etwas aufgebaut werde, woran die Menschheit reine Freude empfinde.

Der Charakter ersetzt nicht das Wissen, aber er suppliert es. Mir ist in allen Geschäften und Lebensverwickelungen das Absolute meines Charakters sehr zustatten gekommen; ich konnte Vierteljahre lang schweigen und dulden wie ein Hund, aber meinen Zweck immer festhalten; trat ich dann mit der Ausführung hervor, so drängte ich unbedingt mit aller Kraft zum Ziele, mochte fallen rechts oder links, was da wollte.

Wer etwas taugt, der schweige still,
im stillen gibt sich's schon;
es gilt, man stelle sich, wie man will,
doch endlich die Person.

Ohne Ernst ist in der Welt nichts möglich.

Man könnte noch mehr, ja das Unglaubliche tun, wenn man mäßiger wäre.

Ich habe nichts angelegentlicher zu tun, als dasjenige, was an mir ist und geblieben ist, womöglich zu steigern. (In einem Briefe, fünf Tage vor dem Tode.)

Vergebens werden ungebundne Geister
nach der Vollendung reiner Höhe streben.
Wer Großes will, muß sich zusammenraffen.
In der Beschränkung zeigt sich erst der
Meister,
und das Gesetz nur kann uns Freiheit geben.

Ich hasse die Leute, die nichts bewundern, denn ich habe mein Leben damit hingebracht, alles zu bewundern.

Wer mit dem Leben spielt,
kommt nie zurecht;
wer sich nicht selbst befiehlt,
bleibt immer ein Knecht.

Mit seltsamen Gebärden
gibt man sich viele Pein,
kein Mensch will etwas werden,
ein jeder will schon was sein.

Wer fertig ist, dem ist nichts recht zu machen;
ein Werdender wird immer dankbar sein.

Wohl dem, der seiner Väter gern gedenkt.

. . . Wir können die Kinder nach unserm Sinne
nicht formen,
so wie Gott sie uns gab, so muß man sie haben
und lieben,
sie erziehen aufs beste und jeglichen lassen
gewähren.
Denn das eine hat die, die anderen andere
Gaben.
Jedes braucht sie und jedes doch nur auf
eigene Weise
gut und glücklich.

Man erziehe die Knaben zu Dienern und die Mädchen zu Müttern, so wird es überall wohl stehn.

Wenn sich der Most auch ganz absurd gebärdet, es gibt zuletzt doch noch 'nen Wein.

Sehr viel ist zu erreichen durch Strenge, mehr durch Liebe, das meiste aber durch Einsicht und eine unparteiische Gerechtigkeit, bei der kein Ansehn der Person gilt.

Man muß stets die Gunst verteilen, sonst windet man das Ruder sich selbst aus der Hand.

Ein Blatt, das groß werden soll, ist voller Runzeln und Knittern, eh es sich entwickelt; wenn man nicht genug Geduld hat und es gleich so glatt haben will wie ein Weidenblatt, dann ist's übel.

Wahrlich, die Jugend wäre unerträglich, wär ich nicht auch einmal unerträglich gewesen.

Trunken müssen wir alle sein!
Jugend ist Trunkenheit ohne Wein;
trinkt sich das Alter wieder zu Jugend,
so ist es wundervolle Tugend.

Die Turnerei halte ich wert; denn sie stärkt und erfrischt nicht nur den jugendlichen Körper, sondern ermutigt und kräftigt auch Seele und Geist gegen Verweichlichung.

Früh zu Bett und früh heraus!

Sorgen Sie für diesen Leib mit anhaltender Treue! Die Seele muß nun einmal durch diese Augen sehen, und wenn sie trüb sind, so ist's in der ganzen Welt Regenwetter.

Und wenn mich am Tag die Ferne
blauer Berge sehnlich zieht,
nachts das Übermaß der Sterne
prächtig mir zu Häupten glüht –
alle Tag und alle Nächte
rühm ich so des Menschen Los;
denkt er ewig sich ins Rechte,
ist er ewig schön und groß.

Die Hauptsache ist, daß man eine Seele habe, die das Wahre liebt und die es aufnimmt, wo sie es findet.

Gott hat die Gradheit selbst ans Herz
genommen;
auf gradem Weg ist niemand umgekommen.

Viel lieber, was ihr euch unsittlich nennt, als was ich mir unedel nennen müßte.

Wer gegen sich selbst und andere wahr ist und bleibt, besitzt die schönste Eigenschaft der größten Talente.

Des Menschen Heil ist: ein immer strebend sich Bemühen in täglicher Arbeit, innig verbunden mit Besinnung und Betrachtung.

Der Mensch, der Gewalt über sich hat und behauptet, leistet das Schwerste und Größte.

Man soll wenig tun, aber Tüchtiges.

Wer sichre Schritte tun will, muß sie langsam tun.

Das fruchtbarste Lernen ist die Überwindung des eigenen Irrtums. Wer keinen Irrtum eingestehen will, kann ein großer Gelehrter sein, aber er ist kein großer Lerner. Wer sich des Irrtums schämt, der sträubt sich, ihn zu erkennen und zuzugeben; d. h. er sträubt sich vor einem besten innerlichen Gewinn. Da jedermann irrt, da die Weisesten geirrt haben, so haben wir keinen Grund, unsern Irrtum als etwas Schändliches zu empfinden.

Irrend lernt man!

Wenn ich irre, kann es jeder bemerken, wenn ich lüge, nicht.

Eigener Fehler erhält Demut und billigen Sinn.

Mancher klopft mit dem Hammer an der Wand herum und glaubt, er treffe jedesmal den Nagel auf den Kopf.

Nur wo du klar ins holde Klare schaust,
dir angehörst und dir allein vertraust,
dorthin, wo Schönes, Gutes nur gefällt,
zur Einsamkeit! Da schaffe deine Welt!

Erquickung hast du nicht gewonnen,
wenn sie dir nicht aus eigner Seele quillt.

So mußt du sein, dir kannst du nicht entfliehen.

Täglich werf ich eine neue Schale ab!

Immer ist es besser versuchen, als viel reden.

Ich habe mich in meinem Leben vor nichts so sehr als vor leeren Worten gehütet.

Manches hab ich gefehlt in meinem Leben, doch keinen hab ich belistet.

Über allen anderen Tugenden steht eins: das beständige Streben nach oben, das Ringen mit sich selbst, das unersättliche Verlangen nach größerer Reinheit, Weisheit, Güte und Liebe.

Wir reiten in die Kreuz und Quer
nach Freuden und Geschäften,
doch immer kläfft es hinterher
und billt aus allen Kräften.
So will der Spitz aus unserm Stall
uns immerfort begleiten,
und seines Bellens lauter Schall
beweist nur, daß wir reiten.

Die Tätigkeit ist, was den Menschen glücklich macht;
die, erst das Gute schaffend, bald ein Übel selbst
durch göttlich wirkende Gewalt in Gutes kehrt.
Drum auf beizeiten morgens! ja, und fändet ihr
was gestern ihr gebaut, schon wieder eingestürzt,
Ameisen gleich nur frisch die Trümmer aufgeräumt!
Und neuen Plan ersonnen, Mittel neu erdacht!
So werdet ihr, und wenn aus ihren Fugen selbst
die Welt geschoben in sich selbst zertrümmerte,
sie wieder bauen, einer Ewigkeit zur Lust.

Die größte Gabe, für die ich den Göttern danke: daß ich durch die Schnelligkeit und Mannigfaltigkeit der Gedanken Einen Tag in Millionen Teile spalten und eine kleine Ewigkeit draus bilden kann.

Man lernt nichts kennen, als was man liebt, und je tiefer und vollständiger die Kenntnis werden soll, desto stärker, kräftiger und lebendiger muß Liebe, ja Leidenschaft sein.

Dem tätigen Menschen kommt es darauf an, daß er das Rechte tue; ob das Rechte geschehe, soll ihn nicht kümmern.

Schaff, das Tagwerk meiner Hände,
hohes Glück, daß ich's vollende!
Laß, o laß mich nicht ermatten!
Nein, es sind nicht leere Träume:
jetzt nur Stangen, diese Bäume
geben einst noch Frucht und Schatten.

Nichts Unmögliches hoffen und doch dem Leben genug sein.

All unser redlichstes Bemühn
glückt nur im unbewußten Momente.
Wie könnte denn die Rose blühn,
wenn sie der Sonne Herrlichkeit erkennte!

Wirken wir so fort, bis wir, vom Weltgeist berufen, in den Äther zurückkehren! Möge dann der ewig Lebendige uns reine Tätigkeiten, denen analog, in denen wir uns als Menschen erprobten, nicht versagen.

Hätte Gott mich anders gewollt,
so hätt er mich anders gebaut;
da er mir aber Talent gezollt,
hat er mir viel vertraut.
Ich brauch es zur Rechten und Linken,
weiß nicht, was daraus kommt;
wenn's nicht mehr frommt,
wird er schon winken.

Der Anfang ist an allen Sachen schwer;
bei vielen Werken fällt er nicht ins Auge.
Der Landmann deckt den Samen mit der Egge
und nur ein guter Sommer reift die Frucht;
der Meister eines Baues gräbt den Grund
nur desto tiefer, als er hoch und höher
die Mauern führen will; der Maler gründet
sein ausgespanntes Tuch mit vieler Sorgfalt,
eh er sein Bild gedankenvoll entwirft,
und langsam nur entsteht, was jeder wollte.

Arbeite nur, die Freude kommt von selbst!

Geh vom Häuslichen aus und verbreite dich,
so du kannst, über alle Welt.

Wer in der Weltgeschichte lebt,
dem Augenblick sollt er sich richten?
Wer in die Zeiten schaut und strebt,
nur der ist wert, zu sprechen und zu dichten.

Mache dir selber Bahn!

Dem Tüchtigen ist diese Welt nicht stumm.
Was braucht er in die Ewigkeit zu schweifen!
Was er erkennt, läßt sich ergreifen.

Vieles geht in der Welt verloren, weil man es zu geschwind für verloren gibt.

Laß nur die Sorge sein,
das gibt sich alles schon,
und fällt der Himmel ein,
kommt doch eine Lerche davon.

Durch Standhaftigkeit und Treue in dem gegenwärtigen Zustande ganz allein werden wir der höheren Stufe eines folgenden wert und sie zu betreten fähig, es sei nun hier zeitlich oder dort ewig.

Es gibt keine Lage, die man nicht veredeln könnte durch Leisten oder Dulden.

Das Beste wird nicht deutlich durch Worte. Der Geist, aus dem wir handeln, ist das Höchste.

„Manches können wir nicht verstehn."
Lebt nur fort, es wird schon gehn.

Prüft das Geschick dich, weiß es wohl warum:
es wünschte dich enthaltsam! Folge stumm.

Ins Sichere willst du dich betten?
Ich liebe mir inneren Streit;
denn, wenn wir die Zweifel nicht hätten,
wo wäre dann frohe Gewißheit?

Der Augenblick nur entscheidet
über das Leben des Menschen und über sein ganzes Geschicke;
denn nach langer Beratung ist doch ein jeder Entschluß nur
Werk des Moments, es ergreift doch nur der Verständige das Rechte.
Immer gefährlicher ist's, beim Wählen dieses und jenes
nebenher zu bedenken und so das Gefühl zu verwirren.

Die Hauptsache ist, daß man lerne, sich selbst zu beherrschen. Wollte ich mich ungehindert gehen lassen, so läge es wohl in mir, mich selbst und meine Umgebung zugrunde zu richten.

Der Mensch hilft sich selbst am besten. Er muß wandeln, sein Glück zu suchen; er muß zugreifen, es zu fassen; günstige Götter können leiten, segnen. Vergebens fordert der Lässige ein unbedingtes Glück. Ja, wird es ihm gewährt, so ist's zur Strafe.

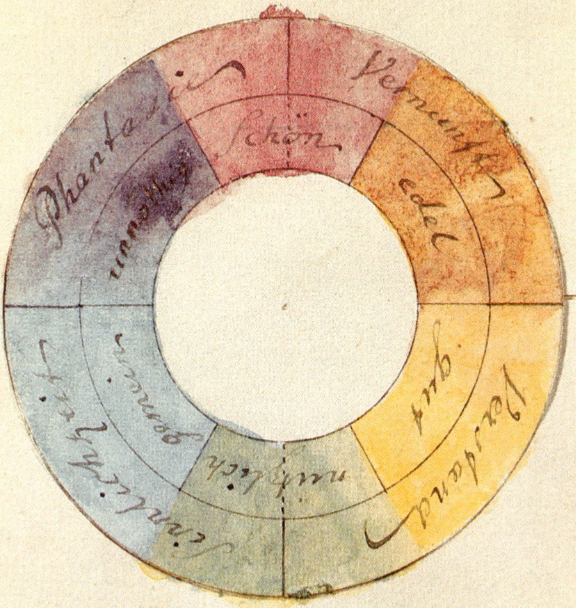

Der Farbenkreis. Entwurf zu einer Temparamentenrose

Was das für Menschen sind, deren ganze Seele auf dem Zeremoniell ruht, deren Dichten und Trachten jahrelang dahin geht, wie sie um einen Stuhl weiter hinauf bei Tische sich einschieben wollen! Und nicht, daß sie sonst keine Angelegenheit hätten; nein, vielmehr häufen sich die Arbeiten, eben weil man über den kleinen Verdrießlichkeiten von Beförderung der wichtigen Sachen abgehalten wird ... Die Toren, die nicht sehen, daß es eigentlich auf den Platz gar nicht ankommt und daß der, der den ersten hat, so selten die erste Rolle spielt! Wie mancher König wird durch seinen Minister, wie mancher Minister durch seinen Sekretär regiert! Und wer ist denn der Erste? Der, dünkt mich, der die andern übersieht und so viel Gewalt oder List hat, ihre Kräfte und Leidenschaften zur Ausführung seiner Pläne anzuspannen.

Die Natur hat für ihre Kinder gesorgt, der Geringste wird nicht, auch durch das Dasein des Trefflichsten, an seinem Dasein gehindert. „Ein kleiner Mann ist auch ein Mann!"

Blumen sind die schönen Worte und Hieroglyphen der Natur, mit denen sie uns andeutet, wie lieb sie uns hat.

Wer mit seiner Mutter, der Natur sich hält, findt im Stengelglas wohl eine Welt.

Jeder Mensch muß nach seiner Weise denken; denn er findet auf seinem Wege immer ein Wahres oder eine Art von Wahrem, die ihm durchs Leben hilft.

Man erwirbt sich vielleicht durch das, was man anregt, mehr Verdienst, als durch das, was man selbst vollbringt.

Mein Erbteil wie herrlich, weit und breit!
Die Zeit ist mein Besitz, mein Acker ist die Zeit.

Die Tat ist überall entscheidend.

Sein Wille macht den Menschen groß und klein.

Gedenke zu leben! Wage es, glücklich zu sein!

Selbstlob! Nur dem Neide stinkt's!

Gegen die Kritik kann man sich weder schützen noch wehren; man muß ihr zum Trutz handeln, und das läßt sie sich nach und nach gefallen.

Bei strenger Prüfung meines eigenen und fremden Ganges in Leben und Kunst fand ich oft, daß das, was man mit Recht ein falsches Streben nennen kann, für das Individuum ein ganz unentbehrlicher Umweg zum Ziele sei. Jede Rückkehr vom Irrtum bildet mächtig den Menschen im einzelnen und ganzen aus, so daß man wohl begreifen kann, wie dem Herzensforscher ein reuiger Sünder lieber sein kann als neunundneunzig Gerechte. Ja, man strebt oft mit Bewußtsein zu einem scheinbar falschen Ziel, wie der Fährmann gegen den Fluß arbeitet, da ihm doch nur darum zu tun ist, gerade auf dem entgegengesetzten Ufer anzulanden.

Das Höchste, wozu ein Mensch gelangen kann, ist das Bewußtsein eigener Gesinnungen und Gedanken; das Erkennen seiner selbst, welches ihm die Einleitung gibt, auch fremde Gemütsarten innig zu erkennen.

Habt doch endlich einmal die Courage, euch den Eindrücken hinzugeben, euch ergötzen zu lassen, euch rühren zu lassen, euch erheben zu lassen, ja euch belehren und zu etwas Großem entflammen und ermutigen zu lassen.

Es ist männlicher, sich ein Bein abnehmen zu lassen als am kalten Brande zu sterben.

Ein Zustand, der alle Tage neuen Verdruß zuzieht, ist nicht der rechte.

Alles weg, was deinen Lauf stört!

Wenn man sich zu lange in engen, kleinen Verhältnissen herumdrückt, so leidet der Geist und Charakter; man wird zuletzt großer Dinge unfähig und hat Mühe, sich zu erheben.

Was euch das Innere stört,
dürft ihr nicht leiden!

Des Menschen größtes Verdienst bleibt wohl, wenn er die Umstände so viel als möglich bestimmt und sich so wenig als möglich von ihnen bestimmen läßt.

Wir blicken so gern in die Zukunft, weil wir das Ungefähre, was sich in ihr hin und her bewegt, durch stille Wünsche so gern zu unsern Gunsten heranleiten möchten.

Willst du ins Unendliche schreiten,
geh nur im Endlichen nach allen Seiten.
Willst du dich am Ganzen erquicken,
so mußt du das Ganze im Kleinsten erblicken.

Ich habe es mir zum Gesetz gemacht, nach meinem innern Gesetz zu handeln, unbekümmert, welchen Anstrich es mir gibt und ob es nicht vielleicht falsch verstanden wird.

Unter allen Besitzungen auf Erden ist ein eigen Herz zu haben die kostbarste.

Einsamkeit ist höchstes Gut.

Ach, was soll der Mensch verlangen?
Ist es besser, ruhig bleiben?
Klammernd fest sich anzuhangen?
Ist es besser, sich zu treiben?
Soll er sich ein Häuschen bauen?
Soll er unter Zelten leben?
Soll er auf die Felsen trauen?
Selbst die festen Felsen beben.
Eines schickt sich nicht für alle!
Sehe jeder, wie er's treibe,
sehe jeder, wo er bleibe,
und wer steht, daß er nicht falle!

Was können wir denn unser Eigenes nennen als die Energie, die Kraft, das Wollen!

Ich weiß, daß mir nichts angehört
als der Gedanke, der ungestört
aus meiner Seele will fließen,
und jeder günstige Augenblick,
den mich ein liebendes Geschick
von Grund aus läßt genießen.

Ein großer Fehler: daß man sich mehr dünkt, als man ist, und sich weniger schätzt, als man wert ist.

Nicht selten stürzt man sich mit Inbrunst und wahrer Verbissenheit auf Dinge, wofür man kein eigentliches Talent hat. Will das Drama nicht recht aus der Feder fließen, so legen Sie es getrost beiseite und sehen sich nach anderem um; wahrscheinlich finden Sie auf solchen Versuchswegen, was Ihnen die Natur zugewiesen hat, und findet sich's nicht am Ende der Lehrlingsschaft, nun in Gottes Namen! so hat man tüchtig gewollt und gestrebt; man geht getrost an seinen Beruf und genießt um so reiner und freudiger, was andere hervorbringen.

Alles, was uns begegnet, läßt Spuren zurück, alles trägt unmerklich zu unserer Bildung bei; doch es ist gefährlich, sich davon Rechenschaft geben zu wollen. Wir werden dabei entweder stolz und lässig, oder niedergeschlagen und kleinmütig, und eins ist für die Folge so hinderlich als das andere. Das Sicherste bleibt immer, nur das Nächste zu tun, was vor uns liegt.

Unsere Eigenschaften müssen wir kultivieren, nicht unsre Eigenheiten.

Unsere Wünsche sind Vorgefühle der Fähigkeiten, die in uns liegen, Vorboten desjenigen, was wir zu leisten imstande sein werden.

Was ist das Schwerste von allem?
Was dir das Leichteste dünkt:
mit den Augen zu sehn,
was vor den Augen dir liegt.

Alles Verständnis fängt mit Bewunderung an.

Nur das Einfältige ist groß. Wer den einfältigen Weg gehen will, der gehe ihn und schweige still.

Drein greifen, packen ist das Wesen jeder Meisterschaft.

Ich bin in einer prächtigen Wohnung sogleich faul und untätig. Geringe Wohnung dagegen, wie dieses schlechte Zimmer, ein wenig unordentlich ordentlich, ein wenig zigeunerhaft, ist für mich das Rechte; es läßt meiner inneren Natur volle Freiheit, tätig zu sein und aus mir selber zu schaffen.

Ursprünglich eignen Sinn
laß dir nicht rauben!
Woran die Menge glaubt
ist leicht zu glauben.

Man muß die Courage haben, das zu sein, wozu die Natur uns gemacht hat.

Ich bin gewohnt, nur meinem Instinkt zu folgen.

Jedes Gewaltsame, Sprunghafte ist mir in der Seele zuwider, denn es ist nicht naturgemäß.

Ungeduld ist es, die den Menschen von Zeit zu Zeit anfällt, und dann beliebt er sich unglücklich zu finden.

Wer das Recht hat und Geduld, für den kommt auch die Zeit.

Die Welt ist nicht aus Brei und Mus
geschaffen,
deswegen haltet euch nicht wie Schlaraffen;
harte Bissen gibt es zu kauen:
wir müssen erwürgen oder sie verdauen.

In der Jugend traut man sich zu, daß man den Menschen Paläste bauen könne, und wenn's um und an kömmt, so hat man alle Hände voll zu tun, um ihren Mist beiseite bringen zu können.

Mit all meinem Namen und Stande habe ich es nicht weiter gebracht, als daß ich, um nicht zu verletzen, zu der Meinung anderer schweige. Dieses würde nun in der Tat ein sehr schlechter Spaß sein, wenn ich dabei nicht den Vorteil hätte, daß ich erfahre, wie die anderen denken, aber sie nicht, wie ich.

Seh ich die Werke der Meister an,
so seh ich das, was sie getan;
betracht ich meine Siebensachen,
seh ich, was ich hätt sollen machen.

Nicht also durch eine außerordentliche Gabe des Geistes, nicht durch eine momentane Inspiration, noch unvermutet und auf einmal, sondern durch folgerechtes Bemühen bin ich endlich zu einem so erfreulichen Resultate gelangt.

Was wäre aus mir geworden, wenn ich nicht gelernt hätte, die Meinung anderer zu respektieren!

Von der Philosophie habe ich mich selbst immer frei gehalten; der Standpunkt des gesunden Menschenverstandes war auch der meinige.

Nichts ist groß als das Natürliche.

Gott helfe weiter und gebe Lichter, daß wir uns nicht selbst soviel im Wege stehn! Lasse uns vom Morgen bis Abend das Gehörige tun und gebe uns klare Begriffe von den Folgen der Dinge! Daß man nicht sei wie Menschen, die den ganzen Tag über Kopfweh klagen und gegen Kopfweh brauchen und alle Abend zu viel Wein zu sich nehmen. Möge die Idee des Reinen, die sich bis auf den Bissen erstreckt, den ich in den Mund nehme, immer lichter in mir werden!

Man muß von den höchsten Maximen der Kunst und des Lebens in sich selbst nicht abweichen, auch nicht ein Haar, aber in der Bewegung des Tages will ich lieber etwas Mittleres gelten lassen als das Gute verkennen oder auch nur daran mäkeln.

Das Vortreffliche sollte durchaus nicht bekrittelt noch besprochen, sondern genossen und andächtig im stillen bedacht werden.

Mein Rat ist, nichts zu forcieren und alle unproduktiven Tage und Stunden lieber zu vertändeln und zu verschlafen, als in solchen Tagen etwas machen zu wollen, woran man später keine Freude hat. –

„Sie sprechen etwas aus, was ich selbst sehr oft erfahren und empfunden und was man sicher als durchaus wahr und richtig zu verehren hat. Aber doch will mir scheinen, als ob wohl jemand durch natürliche Mittel seine produktive Stimmung steigern könnte, ohne sie gerade zu forcieren. Ich war in meinem Leben sehr oft in dem Fall, bei gewissen komplizierten Zuständen zu keinem rechten Entschluß kommen zu können. Trank ich aber in solchen Fällen einige Gläser Wein, so war es mir klar, was zu tun sei, und ich war auf der Stelle entschieden. Das Fassen eines Entschlusses ist aber doch auch eine Art Produktivität, und wenn nun einige Gläser Wein diese Tugend bewirken, so dürfte ein solches Mittel doch nicht ganz zu verwerfen sein."

Ihrer Bemerkung will ich nicht widersprechen; was ich aber vorhin sagte, hat auch seine Richtigkeit, woraus wir denn sehen, daß die Wahrheit wohl einem Diamant zu vergleichen wäre, dessen Strahlen nicht nach einer Seite gehen, sondern nach vielen. Da Sie übrigens meinen ‚Diwan' so gut kennen, so wissen Sie, daß ich selber gesagt habe: Wenn man getrunken hat, weiß man das Rechte, und daß ich Ihnen also vollkommen beistimme. Es liegen im Wein allerdings produktivmachende Kräfte sehr bedeutender Art; aber es kommt dabei alles auf Zustände und Stunde an, und was dem einen nützt, schadet dem anderen. Es liegen ferner produktivmachende Kräfte in der Ruhe und im Schlaf; sie liegen aber auch in der Bewegung. Es liegen solche Kräfte im Wasser und ganz besonders in der Atmosphäre. Die frische Luft des freien Feldes ist der eigentliche Ort, wo wir hingehören; es ist als ob der Geist Gottes dort den Menschen unmittelbar anwehte und eine göttliche Kraft ihren Einfluß ausübte.

Kühn handelt jedesmal der Gottberufene; ich hab's gewagt, ist sein Wahlspruch, nicht darf ich? kann ich? wer steht mir bei? wird's auch werden? Sonst geschähe in der Welt nichts.

Der Irrtum wiederholt sich immerfort in der Tat, deswegen muß man das Wahre unermüdlich in Worten wiederholen.

Aufrichtig zu sein kann ich versprechen, unparteiisch zu sein aber nicht.

Gegen große Vorzüge eines andern gibt es kein Rettungsmittel als die Liebe.

Jede große Idee, die als ein Evangelium in die Welt tritt, wird dem stockenden pedantischen Volke ein Ärgernis und einem Viel-, aber Leichtgebildeten eine Torheit.

Eine jede Idee tritt als ein fremder Gast in die Erscheinung, und wie sie sich zu realisieren beginnt, ist sie kaum von Phantasie und Phantasterei zu unterscheiden.

Alles Große und Gescheite existiert in der Minorität.

Wenn ein Wunder in der Welt geschieht, geschieht's durch liebevolle, reine Herzen.

Bedenke nicht; gewähre, wie du's fühlst.

Denn der Mensch, der zur schwankenden Zeit auch schwankend gesinnt ist,
der vermehrt das Übel und breitet es weiter und weiter;
aber wer fest auf dem Sinn beharrt, der bildet die Welt sich.

Ach, daß wir doch, dem reinen stillen Wink des Herzens nachzugehn, so sehr verlernen!

Feiger Gedanken
bängliches Schwanken,
weibisches Zagen
ängstliches Klagen
wendet kein Elend,
macht dich nicht frei.
Allen Gewalten
zum Trutz sich erhalten,
nimmer sich beugen,
kräftig sich zeigen,
rufet die Arme
der Götter herbei.

Man verliert nicht immer, wenn man entbehrt.

Gut verloren – etwas verloren!
Mußt rasch dich besinnen
und neues gewinnen.
Ehre verloren – viel verloren!
Mußt Ruhm gewinnen,
da werden die Leute sich anders besinnen.
Mut verloren – alles verloren!
Da wäre es besser, nicht geboren.

Der Hypochonder ist bald kuriert,
wenn euch das Leben recht kujoniert.

Die Vorsehung hat tausend Mittel, die Gefallenen zu erheben und die Niedergebeugten aufzurichten. Manchmal sieht unser Schicksal aus wie ein Fruchtbaum im Winter. Wer sollte bei dem traurigen Ansehen desselben wohl denken, daß diese starren Äste, diese zackigen Zweige im nächsten Frühjahr wieder grünen, blühen, sodann Früchte tragen könnten! Doch wir hoffen's, wir wissen's.

Die Hoffnung hilft uns leben.

Ein bißchen früher oder später tut doch in der Welt nichts.

Das Vergessen, diese hohe Gottesgabe, habe ich von jeher zu schätzen, zu nützen und zu steigern gewußt. Wenn also von Schlägen und Püffen die Rede ist, womit uns das Schicksal, womit uns Liebchen, Freunde, Gegner geprüft haben, so ist das Andenken derselben beim resoluten, guten Menschen längst hinweggescheucht.

Nur der am empfindlichsten gewesen ist, kann der Kälteste und Härteste werden; denn er muß sich mit einem harten Panzer umgeben, um sich vor den unsanften Berührungen zu sichern. Und oft wird ihm selber dieser Panzer zur Last!

Wie kann man sich selbst kennenlernen? Durch Betrachten niemals, wohl aber durch Handeln. Versuche, deine Pflicht zu tun, und du weißt gleich, was an dir ist.

Jemand sagte: „Was bemüht ihr euch um den Homer? Ihr versteht ihn doch nicht." Darauf antwortet ich: Versteh ich doch auch Sonne, Mond und Sterne nicht; aber sie gehen über meinem Haupt hin, und ich erkenne mich in ihnen, indem ich sie sehe und ihren regelmäßigen wunderbaren Gang betrachte, und denke dabei, ob auch wohl etwas aus mir werden könnte.

Der Glaube ist ein Erbteil energischer, groß-tätiger, fortschreitender Naturen; der Unglaube das Eigentum schwacher, kleingesinnter, zurückschreitender, auf sich selbst beschränkter Menschen.

Wie einer ist, so ist sein Gott,
darum ward Gott so oft zu Spott.

Nicht das macht frei, daß wir nichts über uns anerkennen wollen, sondern eben, daß wir etwas verehren, das über uns ist. Denn indem wir es verehren, heben wir uns zu ihm hinauf und legen durch unsere Anerkennung an den Tag, daß wir selber das Höhere in uns tragen und wert sind, seinesgleichen zu sein.

Fragt man mich, ob es in meiner Natur sei, der Person Christi anbetende Ehrfurcht zu erweisen, so sage ich: durchaus! Ich beug mich vor ihm als der göttlichen Offenbarung des höchsten Prinzips der Sittlichkeit. Fragt man mich, ob es in meiner Natur sei, die Sonne zu verehren, so sage ich abermals: durchaus! Denn sie ist gleichfalls eine Offenbarung des Höchsten, und zwar die mächtigste, die uns Erdenkindern wahrzunehmen vergönnt ist. Ich anbete in ihr das Licht und die zeugende Kraft Gottes, wodurch allein wir leben, weben und sind, und alle Pflanzen und Tiere mit uns.

Ich glaube einen Gott! Dies ist ein schönes, löbliches Wort; aber Gott anerkennen, wo und wie er sich offenbare, das ist eigentlich die Seligkeit auf Erden.

Siehst du Gott nicht? An jeder stillen Quelle, unter jedem blühenden Baum begegnet er mir in der Wärme seiner Liebe.

Die Leute traktieren Gott, als wäre das unbegreifliche, gar nicht auszudenkende höchste Wesen nicht viel mehr als ihresgleichen. Sie würden sonst nicht sagen: der Herr Gott, der liebe Gott, der gute Gott. Er wird ihnen, besonders den Geistlichen, die ihn täglich im Munde führen, zu einer Phrase, zu einem bloßen Namen, wobei sie sich auch gar nichts denken. Wären sie aber durchdrungen von seiner Größe, sie würden verstummen und ihn vor Ehrfurcht nicht nennen können.

Was soll all der Prunk bedeuten?
Regt er nicht der Seele Spott?
Wenn wir in das Freie schreiten,
auf den Höhen, da ist Gott.

Die Frömmler habe ich von jeher verwünscht.

Ich bewundere, was über mir ist, ich beurteile es nicht.

Mikroskope und Fernrohre verwirren eigentlich den reinen Menschensinn.

Das schönste Glück des denkenden Menschen ist, das Erforschliche erforscht zu haben und das Unerforschliche ruhig zu verehren.

Der liebe Gott könnte uns recht in Verlegenheit setzen, wenn er uns die Geheimnisse der Natur sämtlich offenbarte, wir wüßten vor Unteilnahme und Langerweile nicht, was wir anfangen sollten.

Wer will denn alles gleich ergründen!
Sobald der Schnee schmilzt, wird sich's finden.
Hier hilft nun weiter kein Bemühn!
Sind Rosen, und sie werden blühn.

Ich bedaure die Menschen, welche von der Vergänglichkeit der Dinge viel Wesens machen und sich in Betrachtung irdischer Nichtigkeit verlieren; sind wir ja eben deshalb da, um das Vergängliche unvergänglich zu machen; das kann nur dadurch geschehen, daß man beides zu schätzen weiß.

Nichts vom Vergänglichen,
wie's auch geschah!
Uns zu verewigen,
sind wir ja da.

Den Beweis der Unsterblichkeit muß jeder in sich selbst tragen, außer dem kann er nicht gegeben werden. Wohl ist alles in der Natur Wechsel, aber hinter dem Wechselnden ruht ein Ewiges.

Des Menschen Seele
gleicht dem Wasser;
vom Himmel kommt es,
zum Himmel steigt es
und wieder nieder
zur Erde muß es,
ewig wechselnd.

Wenn im Unendlichen dasselbe
sich wiederholend ewig fließt,
das tausendfältige Gewölbe
sich kräftig ineinander schließt:
strömt Lebenslust aus allen Dingen,
dem kleinsten wie dem größten Stern,
und alles Drängen, alles Ringen
ist ewige Ruh in Gott dem Herrn.

Von den Kindern kann man leben lernen und selig werden.

Ich glaube, daß wir einen Funken jenes ewgen Lichts in uns tragen, das im Grunde des Seins leuchten muß und welches unsere schwachen Sinne nur von ferne ahnen können. Diesen Funken in uns zur Flamme werden zu lassen und das Göttliche in uns zu verwirklichen, ist unsere höchste Pflicht.

Ein jeglicher muß seinen Helden wählen, dem er die Wege zum Olymp hinauf sich nacharbeitet.

Ein tüchtiger Mensch, der schon hier etwas Ordentliches zu sein gedenkt und der daher täglich zu streben, zu kämpfen und zu wirken hat, läßt die künftige Welt auf sich beruhen und ist tätig und nützlich auf dieser.

Wer freudig tut und sich des Getanen freut, ist glücklich.

Freudigkeit ist die Mutter aller Tugenden.

Demut und Bedächtigkeit sind die notwendigsten Eigenschaften unserer Schritte.

Das Wertvollste im Menschenleben sind die stillen heiligen Stunden. Sie sind ja die Brunnenstube aller gesunden, starken, kristallklaren, schöpferischen Gedanken, Worte, Taten. Aus diesen Urtiefen quillt und treibt das Schöpferische, Gute, Edle herauf.

Ach, wenn in unsrer engen Zelle
die Lampe freundlich wieder brennt,
dann wird's in unserm Busen helle,
im Herzen, das sich selber kennt.
Vernunft fängt wieder an zu sprechen,
und Hoffnung wieder an zu blühn;
man sehnt sich nach des Lebens Bächen,
ach! nach des Lebens Quelle hin.

Das Höchste, was der Mensch besitzen kann, ist jene Ruhe, jene Heiterkeit, jener innere Friede, die durch keine Leidenschaft beunruhigt werden.

Wer Freude will, besänftige sein Blut.

Zu unseres Lebens oft getrübten Tagen
gab uns ein Gott Ersatz für alle Plagen,
daß unser Blick sich himmelwärts gewöhne:
den Sonnenschein, die Tugend und das Schöne.

Der Mensch kann sich nie selbst kennenlernen, sich nie rein als Objekt betrachten. Andre kennen mich besser als ich mich selbst. Nur meine Bezüge zur Außenwelt kann ich kennen und richtig würdigen lernen, darauf sollte man sich beschränken. Mit allem Streben nach Selbstkenntnis, das die Priester, das die Moral uns predigen, kommen wir nicht weiter im Leben, gelangen weder zu Resultaten noch zu wahrer innerer Besserung.

Unsere Zustände schreiben wir bald Gott, bald dem Teufel zu und fehlen ein- wie das anderemal: in uns selbst liegt das Rätsel, die wir Ausgeburt zweier Welten sind.

Wenn man in Liebe und Freundschaft glücklich ist, daß unser Herz in der weiten Welt nichts zu suchen braucht, so hat man mit den Menschen einen guten Stand.

Wer festhalten will, darf nur Weniges umfassen. Da wir immer nur eine geringe Macht über die Außenwelt haben, sollten wir alle unsere Kraft und Liebe in einem kleinsten Bezirke versammeln: ein Häuschen und Gärtchen, zwei oder drei liebe Menschen, wenig Besitz, wenig Herrschaft, wenig Getreibe – das ist das Rechte.

Ich bin ein Kind des Friedens und will Frieden halten für und für mit der ganzen Welt, da ich ihn einmal mit mir selbst geschlossen habe.

Willst du dir ein gut Leben zimmern,
mußt ums Vergangne dich nicht bekümmern;
und wäre dir auch was verloren,
mußt immer tun wie neugeboren;
was jeder Tag will, sollst du fragen,
was jeder Tag will, wird er sagen;
mußt dich an eignem Tun ergötzen,
was andre tun, das wirst du schätzen;
besonders keinen Menschen hassen
und das übrige Gott überlassen.

Wir machen viel zu viel vorarbeitenden Aufwand aufs Leben. Anstatt daß wir gleich anfingen, uns in einem mäßigen Zustand behaglich zu finden, so gehen wir immer mehr ins Breite, um es uns immer unbequemer zu machen.

Ich habe mir angewöhnt, überall zu Hause zu sein.

Niemand weiß, wie lang er es hat, was er ruhig besitzt . . .

Lebe im Augenblick! Lebe in der Ewigkeit!

Das Vollkommene muß uns erst stimmen, und uns nach und nach zu sich hinaufheben.

Irrtum verläßt uns nie, doch ziehet ein höher Bedürfnis immer den strebenden Geist leise zur Wahrheit hinan.

Der Ernst, der heilige, macht allein das Leben zur Ewigkeit.

Wenn wir nach innen das Unsrige getan haben, so wird sich das Nachaußen von selbst geben.

Die größten Schwierigkeiten liegen da, wo wir sie nicht suchen.

Das Unmögliche behandeln, als wenn es möglich wäre.

Wir sind nicht klein, wenn Umstände uns zu schaffen machen, nur wenn sie uns überwältigen.

Es ließe sich alles trefflich schlichten,
könnte man die Sachen zweimal verrichten.

Man wird dreihundert Jahre alt und drüber, wenn man nur alle Tage seine Sachen redlich macht.

Der Mensch gelangt trotz aller Dummheiten und Verwirrungen, von einer höheren Hand geleitet, doch zum glücklichen Ziele.

Ein Gott hat
jedem seine Bahn
vorgezeichnet.

Wenn die gesunde Natur des Menschen als ein Ganzes wirkt, wenn er sich in der Welt als in einem großen, schönen, würdigen und weiten Ganzen fühlt, wenn das harmonische Behagen ihm ein reines, freies Entzücken gewährt – dann würde das Weltall, wenn es sich selbst empfinden könnte, als an sein Ziel gelangt aufjauchzen und den Gipfel des eigenen Werdens und Wesens bewundern. Denn wozu dient alle der Aufwand von Sonnen und Planeten und Monden, von Sternen und Milchstraßen, von Kometen und Nebelflecken, von gewordenen und werdenden Welten, wenn sich nicht zuletzt ein glücklicher Mensch unbewußt seines Daseins erfreut?

Laßt uns einander zur Freude leben und nicht zu weise werden!

Goethes sämtliche Werke! – Blättere weiter, auch über die nächste Seite scheint die Sonne! – Vierzig Bände Weltruhms, zweiundachtzig Lebensjahre und nur vier Wochen ungetrübtes Glück oder besser eigentliches Behagen; – welch ein Trost für uns alle! – Ein Vivat allen guten wackern Gesellen zu Wasser und zu Lande, auf ebener Erde und auf den goldenen Wolken im blauen Äther, den guten wackern Gesellen, die aushalten und sich nicht irren lassen und bei jeder Witterung den Tag preisen. Tue, was du willst, aber in allen Lagen nimm dir ein Exempel an dem alten Geheimen Rat.

Wilhelm Raabe

Nur eine Seite Deiner teuren Werke – und schöner wird mein Wesen wie von Licht.

Christian Morgenstern

Das Glück, was ich durch mein immer innigeres Verhältnis mit Goethe genieße, ist so groß, daß mir kein Mensch in der Welt dafür Ersatz geben könnte, so wie Goethe selbst in der Welt nicht seinesgleichen hat.

Eckermann

Einen sanften Silberblick habe ich in der Trübe doch. Ich lese täglich einige Blätter Goethe. Die Ruhe und Größe, und die tiefe und doch klare Innerlichkeit dieses Mannes sind meiner Seele ein erhebenderer Trost als alles, was in mich hineingeredet werden könnte.

Stifter

DIE TIECK-BÜCHER

Dankbarkeit ist das Gedächtnis des Herzens

*

Das bist du
Lebenserkenntnisse aus Indien

*

Der Tag schöpft Atem aus der Nacht
Weisheit aus dem alten Mexiko

*

Der tiefere Sinn
Anekdoten und Weisheiten, sprühender Geist und Witz

*

Des Weisen Mund ist in seinem Herzen
Weisheit aus der Türkei

*

Die Sonne erneuert sich jeden Tag
Weisheit der alten Griechen

*

Doch Tau erweckt der Rose Sehnen
Gedanken der Renaissance

*

Du bist mein, ich bin dein
Minne des Mittelalters

*

Du bist wie eine Blume
Liebe in der Romantik

*

Ein Adler brütet keine Tauben aus
Weisheit der Flamen

Es wissen die Löwen, wem sie dienen
Weisheit aus dem alten Rom

*

Freund, so du etwas bist
Schätze der Lebensweisheit

*

Freundliches Lesebuch
Aus dem Vermächtnis großer Denker und Dichter

*

Gleich der Lotosblüte ist das Leben
Wahrheit des Buddhismus

*

Gold verliert im Feuer seine Farbe nicht
Weisheit der Brahmanen

*

Im Innern seines Hauses ist selbst der Bettler König
Alte persische Weisheit

*

Kein Wesen kann zu nichts zerfallen
Weisheit von J. W. Goethe

*

Liebe allein ist der Liebe wert
Weisheit aus der Barockzeit

*

Liebe und Rauch lassen sich nicht verbergen
Esprit aus dem alten Frankreich

*

Mensch, all's was außer dir
Brevier der Lebenskunst

Mit Tau läßt sich kein Brunnen füllen
Weisheit aus dem alten Ägypten

*

Nichts ist, das dich bewegt
Stärkende Lebenskunst

*

Nur wer den Gipfel des Berges erstiegen, vermag in die weiteste Ferne zu sehen
Altchinesische Weisheiten und Geschichten

*

Ohne Freund ist selbst das Paradies leer
Arabische Weisheit

*

Reichtum des Daseins
Quellen der Hoffnung und Zuversicht

*

Sag dein Geheimnis nicht dem Wind
Weisheit aus Japan

*

Schnitze das Leben aus dem Holz, das du hast
Altrussische Weisheit

*

Sein oder Nichtsein
Ein Shakespeare-Brevier

*

Unser Leben ist nur träumen
Weisheit aus dem alten Spanien

*

Wer den Feigenbaum hütet, wir seine Frucht essen
Jüdische Spruchweisheit

Werde licht, denn dein Licht kommt
Trost aus der Bibel

*

Wo du stehst, grab tief hinein
Ein Nietzsche-Brevier

*

Zündet man Kerzen an, erhält man Licht
Weisheiten der alten Chinesen